ひも一本でカラダが楽に動き出す！

ヒモトレ

リニューアル版

小関 勲 著
ウメチギリ
イラスト・ちぎり絵

日貿出版社

はじめに

元気を出そう、元気をつけよう。一般的に元気は出すもの、つけるものと、そう思っていました。

皆さんは「元気を出せ」「元気をつけろ」と言われ過ぎると逆に辛くなることはないでしょうか。もしかしたら、それは元気の要因を自分の外に求めていたからかも知れません。

平安時代の今昔物語の中に「減気」という言葉が記されていて、「元気」という言葉の起源だと言われています。

「気が減ったらだめじゃないか」と思われるかも知れませんが、当時、気とはよくない意味で使われていたようです。そのよくない気を減らすことによって、病が治り、活力が出てくるというものでした。

言葉の意味から考えても、いにしえの人は、元気や活力は自分の中にあるという考えや感性も持っていたのでしょう。

ヒモトレは、本来カラダは「整っている」、「整おうとしている」という視座から生まれています。足りないものを求めるのも人間ですが、外に向き過ぎた意識から自分自身に立ち戻ることも大切なことだと思います。ヒモトレには、思わぬ変化や体験があるのも、新たな観方と試みの違いによるものなのです。

日常的なカラダにアクセスするため、体力、年齢、ジャンルに関係なく、アスリートから高齢者まで同じ方法で無理なくできることもヒモトレの面白いところです。まずは日々の身支度としてお試し頂き、自分の中の元気を体験、発見してみてください。

※本書は2014・2016年に出版された『ヒモ一本のカラダ革命　健康体を手に入れる～ヒモトレ』のリニューアル版です。少し表現方法や解説をブラッシュアップしましたので、また新鮮にお試し頂けるのではないかと思います。

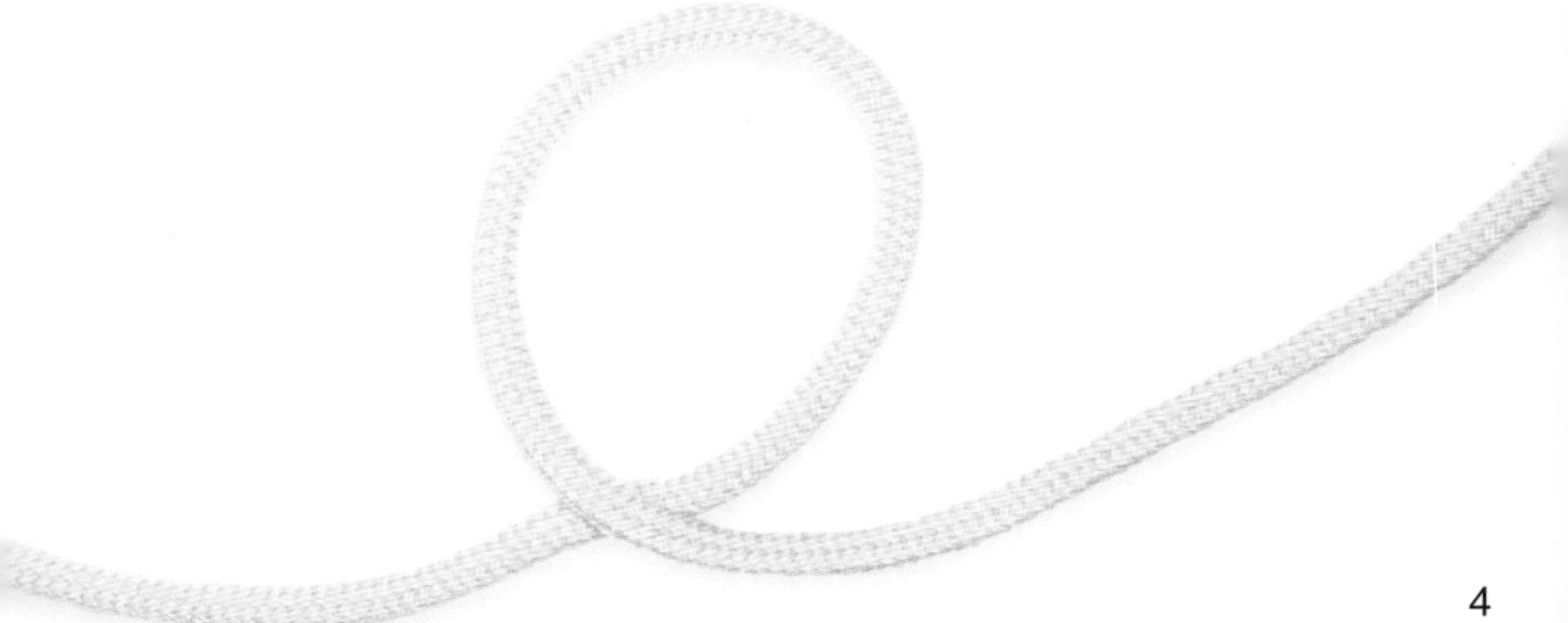

2章　日常生活で効く〝ヒモトレ〟 47

1章

“ヒモトレ”って何でしょう

ようこそ〝ヒモトレ〟の世界に！
ここでは〝ヒモトレ〟に使えるヒモの選び方から、
すぐに試せる肩コリに効く〝ヒモトレ〟を紹介、
まずはその効果を実感してみましょう！
肩がラクになったところで、
〝ヒモトレ〟の簡単な理屈を楽しんでください。

どんなヒモがいいの？

ヒモの選び方

基本的には丸ヒモがおすすめです。少し伸縮性のあるもので巾着袋などに使うようなものをイメージして貰えれば大丈夫です。

逆にゴムやまったく伸縮性のないヒモ、平ヒモなどはヒモトレ的変化がないばかりか、余分な力みや負担となり逆効果となる場合もあります。

丸ヒモで微妙な伸縮性があることで力を入れ過ぎず、抜き過ぎない状態を保つことできます。

具体的には、

・巾着袋などに使う丸ヒモ
・簡易的には荷造り用の丸ヒモ

などの4～8ミリの丸ヒモがおすすめです。素材はアクリルヒモなど何でも構いません。組ヒモ（編んでいるもの）はいい塩梅の伸縮性がありヒモトレには最適です。

長さは1．5メートルくらい。

日常的に使うものですから、自分と相性がよく、動きを制限しないものがベストです。試しに一日中着けてみて、気にならないものを選ぶのがよいでしょう。

ヒモトレにおすすめなヒモは、荷造り用のポリプロピレンのロープ（写真左上）や、100円ショップでも売っているアクリルのヒモ（写真ピンクとベージュのもの）です。

ヒモは条件さえ合えば何でもよいのですが、ヒモトレ専用に筆者がスポーツアパレルメーカーと開発したものもあります。こちらは93ページに紹介しています。

〝ヒモトレ〟ってなんだろう？

「オフィスでＰＣを使っているので肩コリが……」
「ヒザの具合がどうも……」
「何年もゴルフをやってるんだけどスイングが安定しない」
「階段の上り下りがキツい」などなど、

世代や男女を問わず普段の生活で、趣味のスポーツで、さまざまにカラダの不調を感じている方は少なくありません。

この本〝ヒモトレ〟は、そんな皆さんの抱えているカラダの悩みを、

ヒモ一本で解決しよう！　というものです。

「本当にそんなことできるの？」とお思いの方もいらっしゃるはず。そんな方のために、まずは論より証拠。早速ですがヒモを使った肩コリに効く〝ヒモトレ〟を紹介したいと思います。

やってみよう！　肩コリに効く〝ヒモトレ〟

ヒモトレの効果を感じて頂くために、まずはヒモなしでやってみましょう。やることはごく簡単、肩幅程度に脚を開いて両手を前に真っ直ぐ伸ばしたまま、ぐ～っと上げて、背中の方へ持っていくだけです。

どうですか？　ぐ～っと腕を伸ばしているうちに、肩を越えた辺りで、肩がこわばり、腕が止まってしまう方が多いのではないでしょうか？

立った状態から両手を前に伸ばして上げていきます。頭を越えたくらいで、少し窮屈になる方が多いと思います。無理をせず行ってください。

ヒモはキツ過ぎずユル過ぎず〝いい塩梅〟で

それでは次に用意して頂いたヒモを使って同じことをやってみましょう。使い方はとても簡単。輪っかにしたヒモを手首に掛けて、ピンと張ればＯＫ！あとはリラックスして、その張りが失われないように動かすだけです。これから紹介するトレーニングも、すべてこれだけでいいので簡単！注意して欲しいのは、ヒモを強く張り過ぎてカラダを緊張させないこと。またヒモがユル過ぎても意味がありません。頑張らず、ヒモに任せる感じで動くことでカラダがとても楽になるのです。大事なのは、

張り過ぎずユル過ぎず。ヒモのテンションを感じながら〝いい塩梅〟

でゆっくり行うことです。

腕ヒモの着け方

結び方○ヒモの結び方は自由ですが、オススメは二本のヒモをまとめた結び方です。簡単に締まり、解けやすくていいですね。蝶々結びでもOK。

引っ掛け方○ヒモの引っ掛け方は、強過ぎず、ユル過ぎず。「ヒモがピンでカラダはリラックス」です。

ヒモの長さ○長さは着ける場所や使い方で変わるので、自分の〝いい塩梅〟を探してください。肩幅より少し広めくらいが目安です※。

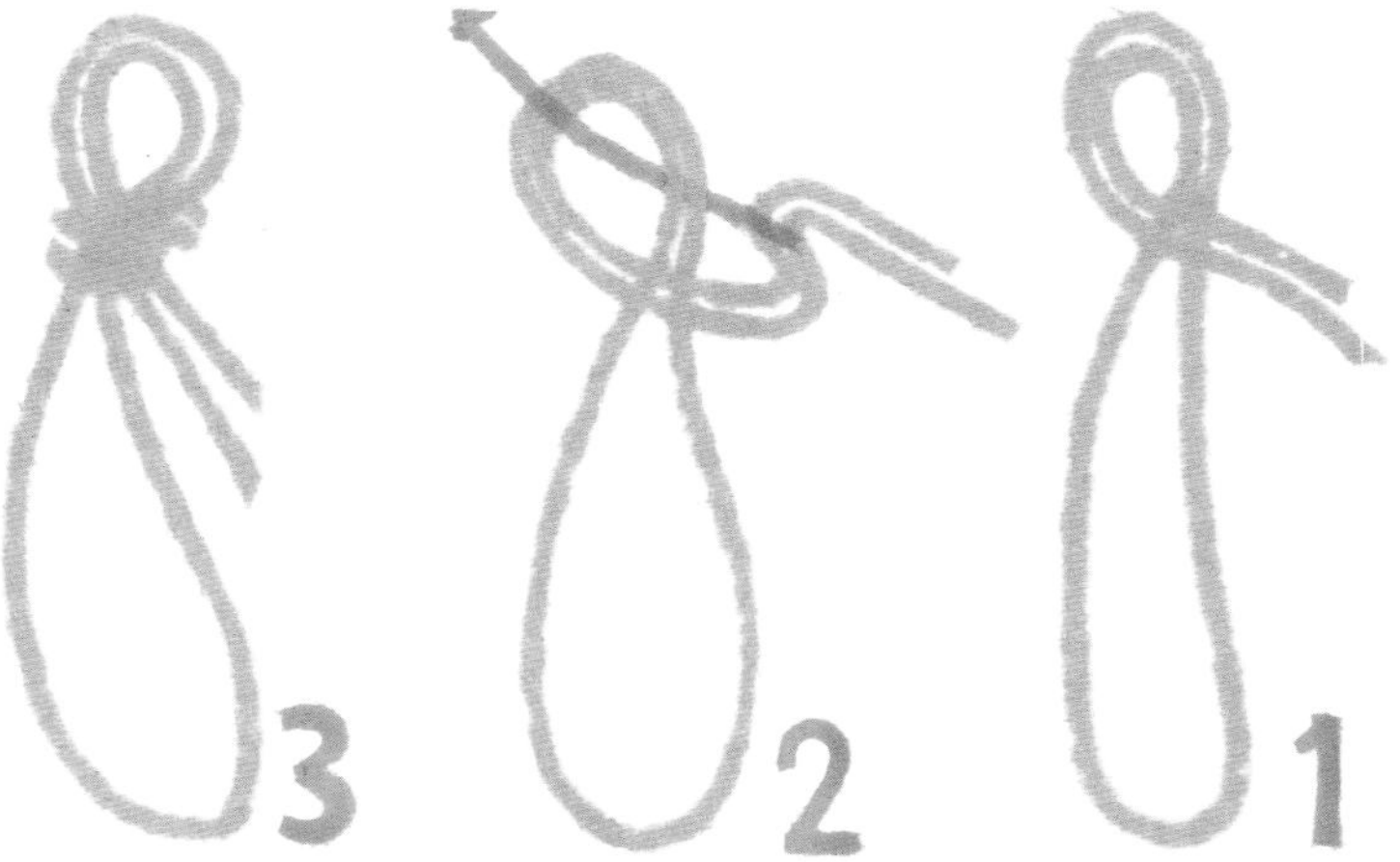

ちょうどよい輪を作ったところでヒモを結びます。

※いちいと結んだり解くの面倒な方は、それぞれの用途に合わせたヒモを用意してもいいでしょう。

ユル〜、ダラ〜ン

×

ピーン！ギュギュー

○

ヒモがピン！でリラックス

※リラックスしているかどうかは、ヒモをピンと張りながら、手首、肘関節、肩関節が固まっていないかをチェックしてみてください。

ヒモを張り過ぎず、ユル過ぎないくらい。ヒモをガイドにして行うと、すーっと腕が進みます！

さあ今度はどうでしょう？

先ほどのヒモなしと比べてどうでしょうか？　腕が大きく後ろに進んだのではないでしょうか。またあまり変わらないという方は、ヒモの輪っかの大きさを調整してください。見た目の変化がなくても気持ちよく上がればＯＫです。

ラク～に腕が頭上を越え、腕を戻すとなんだか肩が軽くて、

「あれ!?」

と思われた方、

「ようこそ〝ヒモトレ〟の世界へ！」

この本では、ヒモを使ったこんなトレーニングを紹介していきます。

本の流れは、

【基本編】

【日常生活編】

【スポーツ編】

という順番で紹介していますが、行うことはここで説明した通り、ヒモに〝いい塩梅〟なテンションを掛けて動くだけですので、目次を見て自分が今すぐ試したいものから行ってもＯＫです。

「でも、どうしてヒモでカラダがラクになるの?」

とお思いの方もいらっしゃるでしょう。

そこでここでは簡単にその理屈について書いておきますね。

ヒモを巻くことでリラックスが生まれる

ヒモを使う理由はズバリ、**「動けるリラックス」**を体感するためです。

多くの人が悩んでいる肩コリや腰痛などは、肩や腰といったカラダの一部分に力が入り過ぎていることが大きな原因です。偏った力の使い方がカラダを緊張させてバランスを崩しているわけです。

スポーツなどでよく言われる「力み過ぎ」も同じです。カラダの一部分に無駄な力が入っていれば、力みの入った部分で動きが滞り、全体のパフォーマンスに悪影響が出てしまうのです。

一流と呼ばれる選手の動きには、力みを感じません。例えば元メージャーリーガーのイチロー選手のプレーを見ると、バッティングはもちろん、走ったり、投げたりする姿にも力みはなく、それどころか真剣なプレーのなかでも、ノビノビとリラックスして見えます。

つまり日常生活でもスポーツでも大事なことは、カラダから無駄な力を抜くことなんですね。そしてヒモは、カラダから無駄な力を抜いてリラックスさせるためにあるわけです。ここで、

「ヒモでカラダを制限するのにリラックスっておかしくない？　逆に緊張しちゃうんじゃないの？」

と思われる方もいるでしょう。

確かにギュウギュウとヒモでカラダを縛ったり、ヒモを必要以上に張ろうと力を入れれば緊張してしまいますよね。

そこで思い出して欲しいのが先ほどの肩コリの〝ヒモトレ〟の時にも登場した、

〝いい塩梅〟という言葉です。

ヒモを強く張らず、かといってユル過ぎて落ちない〝いい塩梅〟を保とうとすると、自然にカラダは筋肉を緊張させ過ぎない力加減になります。その結果、それまで力が入り過ぎて固まっていた筋肉がユルみ、また、ユルみ過ぎていた筋肉に必要な張りが生まれ、カラダ全体でラクに動けるようになるわけです。

〝ヒモトレ〟で動いていないカラダを参加させる

多くの人は、思うようにカラダが動かないと、「歳をとってカラダが悪くなった」と思いがちです。でも、考えてみれば歳をとるのは自然なことですし、もともと持っているハンディはもちろん、病気や怪我、心を含めて、それが今の自分自身だし、自分の動きと言えます。

もちろん、そうしたものをトレーニングで強くする方法もあるでしょう。

でも、私がこの本で紹介したいのは、まずは今の自分のカラダの素材を上手に活用して、**まだ動きに参加していないカラダを参加させよう**ということなんです。そこで〝ヒモトレ〟です。

ヒモをガイドにして動くことで、自動的にカラダは全身を参加させようと工夫して動き出します。**そこにまだ知らない、あなた自身のカラダの使い方、動き方があるのです。**この〝ヒモトレ〟はそれを見つける切っかけなんですね。

〝ヒモトレ〟で左右差が消える!?

また、人間は誰でも利き手、利き脚の左右差があります。また、「お箸は右手、お椀は左手」といった、日々の生活習慣の積み重ねも左右差の原因だったりします。これが両手を一緒に使って、バットやクラブを振る野球やゴルフなどを難しくしています。

ここでも有効なのが〝ヒモトレ〟です。

両手にヒモを掛けて動いているうちに、自然に手から無駄な力が抜け、左右差がない力加減をカラダに馴染ませることができるのです。

つまり、日常生活はもちろん、スポーツにも必要な適度な力加減、

“いい塩梅”＝動けるリラックス

を教えてくれるのがヒモなのです。

目指すはシャッキリリラックス！

この本の、もう一つのキーワードが、
シャッキリリラックスです。

シャッキリリリラックスで
テキパキ！

ぐったりリラックスで
ダラダラ……

リラックスというと、お風呂で〝ユル～く〟〝だら～ん〟と力を抜く感じを思い浮かべますが、

「あ～ぁ、いい湯だなぁ～」

なんて気分ではテキパキ仕事をしたりスポーツはできませんよね？

もちろんお風呂やサロン、時にはリゾートで、の～んびりリラックスするのもいいのですが、私たちが普段の生活、家事や仕事、スポーツをする時に必要なリラックスは、無駄な力が抜けた疲れにくく、それでいてすぐに動き出せる、いつでもスッキリ、シャッキリした、**シャッキリリラックス**の状態が大事なんです。

このシャッキリリラックスに必要な、リラックスと適度に力が入っている状態を教えてくれるのが〝ヒモトレ〟です。

ヒモを適度な力で張る刺激が、カラダに〝いい塩梅〟な力加減を教えてくれることで、どこかに力が入り過ぎたり、抜け過ぎたりしない、**シャッキリリラックス**で過ごせるわけです。

なんだかとても新しいトレーニング方法のようですが、実は昔の日本人はみんな生活のなかでやっていたことなんです。

昔の日本人は〝ヒモトレ〟をしていた!?

「昔の日本人は〝ヒモトレ〟をしていた」なんて書くと、なんだか凄そうですね。でも全然そんなことはないんです。

和服を着るには帯をはじめ様々なヒモを使いますが、このヒモで着物を留めてカラダをまとめることが〝ヒモトレ〟の原理と同じなんです。

簡単に言えば和服がそのまま〝ヒモトレ〟なんですね。

この本を読んでいる方のなかにも、着物はもちろん、浴衣や武道の道着などを着て帯を締めた時に、

「身が引き締まるけど動きやすい」「カラダが安定する」

と感じたことがあるのではないでしょうか。

実はその感覚がそのまま〝ヒモトレ〟の感覚と言えます。

着物の帯の場合は、心地よさや動きやすさなどの塩梅を探すことで、全身がまとまり、きれいな姿勢や所作が現れてくるのです。

着物を着ると姿勢がよくなるのには、ちゃんと理由があるわけですね。

その他にも日本の昔ながらの生活習慣には色々なヒモ文化があります。例えば大掃除やカラダを大きく動かす時にする〝たすき掛け〟は、姿勢を安定させ、呼吸と肩、腕の動きを助けてくれます。また酒屋さんでお馴染みの前掛けも、作業で服を汚さないためだけではなく、腹を決めることで腹圧が均等に生まれ、腰への負担が軽減されます。他にも〝鉢巻き〟などは、現代の解釈ですが、筋膜が調節されて意識がシャキッとするわけです。

着物の帯やたすき掛け、草履の鼻緒など、もともと日本人はヒモを上手に使っていたのです。

こうしてみると日本人はもともとヒモを使うのがとても上手だったんですね。と言うよりも、カラダとのコミュニケーション、対話ができていたのかもしれません。そして、ここでもポイントになるのは、

〝いい塩梅〟です。

ヒモトレの場合は、帯やたすき掛け、鉢巻きにしても、締めるのではなく、〝いい塩梅〟で巻くことがミソになります。そして、もう一つ見逃せないのは、巻いたヒモがユルんだり、逆にキツくなったり、ズレたりすることです。

動いているうちにズレてしまったヒモを巻き直す。一見、なんでもないようなことですが、これにより、

ユルむ、キツくなる、ズレる＝〝いい塩梅〟の刺激がなくなった状態から

巻き直す＝〝いい塩梅〟の刺激がある状態

となって、先ほど登場したシャッキリリラックスを取り戻せるのです。

これは想像ですが着物を着ていた昔の日本人は、無意識のうちにユルんだ着物を直す度に、カラダと意識をリセットしていたのでしょう。それが今も「襟を正す」「ふんどしを締め直す」などの言葉に残っているわけです。

〝ヒモトレ基本編〟開始！　ヒモの長さは？

さあ、いよいよ〝ヒモトレ基本編〟開始です！

とはいっても別に特別なことをするわけではありません。実は最初に登場した〝肩コリのヒモトレ〟も基本の一つなんです。

どれもヒモのある・なしの差が分かりやすく、肩コリはもちろん、ウォーミングアップにも最適なので、私がスポーツ選手に〝ヒモトレ〟を指導する時に、まず最初に行って頂いているものばかりです。

具体的なヒモの長さは、トレーニングの種類によって違ってきますが、基本的には肩幅を目安に、

自分自身が動きやすいかを大切にして調節してください。

カラダが自然にヒモにテンションを掛けるくらいが理想です。

引っ張り過ぎず・ユルみ過ぎず・ヒモがピン

〝ヒモトレ〟を行う時に注意して欲しいのは最初に書いた、

- 引っ張り過ぎない
- ユルみ過ぎない
- ヒモがピンでカラダはリラックス

この三つです。

特に引っ張り過ぎには注意です。学校の体育や部活動などで、「全力を出せ！」と言われてきた方が多く、ヒモを〝いい塩梅〟にユルませることが苦手のようです。大事なのはヒモに軽くテンションが掛かり、落ちないように引っ掛かっている感じ。慣れてくればだんだん無駄な力が抜けてきます。

また、あまり「ユルめよう！」と意識し過ぎると、反対にカラダを固めてしまいます。ですから、ヒモを通して「今自分のカラダのどこに力が入っているのかな？」と、自分のカラダに聞く感じでトライしてみてください。

左右運動

自然に立った状態でヒモを両手首に掛けます。この時、ヒモの幅は肩幅を基準に窮屈にならないように調節してください。

その状態で胸を肩の高さに上げます。肩に負担が掛かる方は肘を曲げてもＯＫです。

あとはピンとさせたヒモをガイドにして、左右にカラダを振るだけです。

ポイントは腰をひねるのではなく、足裏から全身が同時に振り向くような感じになります。腕の重さが徐々に消えて、左右差も消えるので、ゴルフや野球などの感覚を養う効果があります。

ピンとさせたヒモをガイドに、カラダ全体で振り向くように。左右行いましょう。

基本の〝ヒモトレ〟「カラダ全体のストレッチ」

左右カラダ倒し&背伸び

長時間のデスクワークなどで、あまり動かずにいると、知らない間にカラダ全体が下方向へ小さく固まってきます。そんな時に効果があるのがこの「左右カラダ倒し&背伸び」です。

ヒモを肩幅より広くして手首に掛けて、左右にカラダを倒します。

ヒモを着けずに行うと、部分的にしか伸びず、無理に行うと怪我やコリの原因にもなります。

ヒモをつけて行うと、倒す方向とは逆側全体がジワーっと伸びます。左右行うと手から足までがつながり、肩と腰回りが楽になります。

ちょうどよいヒモのテンションを失わないように。仕事で疲れた時にもオススメです。猫が伸びをするようにやってみましょう。

脚ヒモの着け方

一般の方はもちろん、ヒザ痛などで歩くのが辛い方にも人気なのが、この「脚ヒモ」です。「脚ヒモ」は「腕ヒモ」に比べて、ヒモが落ちないように巻くだけなのでとても簡単です。

まずは着け方から説明しましょう。

①両脚を閉じた状態で、後ろはお尻の下にヒモを合わせて、

②前は太ももの位置にしてヒモを結びます。結び方は腕ヒモと同じ。

③次に前側のヒモを太ももから、脚の付け根（鼠蹊部《そけいぶ》）くらいまで引き上げます。ヒモがゆるみやすい場合は、太ももの少し下で結んで引き上げてください。

足踏みやジャンプをしてもヒモが落ちなければＯＫ！　ヒモにカラダを預けると、安定感とリラックスがある動きやすい状態になります。

※ヒモが細くて痛い方は、ストールや着物の腰ヒモなどを使ってもＯＫです。

①ヒモをお尻の下に合わせる。

③前側を脚の付け根まで上げます。ゆるくて落ちてくる時は、少し太もも下で結んで引き上げましょう。歩いてみて違和感がなければOK。

②脚を閉じて結ぶ。

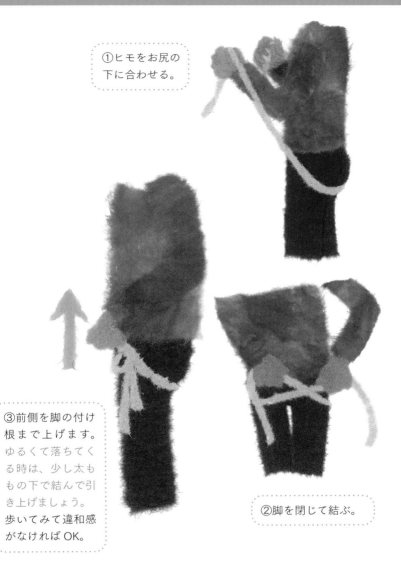

脚ヒモ前屈&後屈

まずは、脚の付け根に「脚ヒモ」を着けます。勢いをつけずにゆっくりと。上半身の重みで自然に前屈していきます。足の裏から、腰、背骨、頭までが一つのつながりとして感じて行うといいでしょう。単純ですが、カラダ全体を使って動くための基本です。

前屈ができたら、前屈から背伸び・反る、背伸びから前屈でも構いません。全身のつながりがあるので非常に動きやすく、心地がよいはずです。時々ヒモなしで行ってみるとその違いに驚くでしょう。

ゆっくりと、
カラダの動き
を感じながら
行います。

手首まわし

私たちの手はとても器用な反面、働き過ぎで疲れ気味です。この運動は両腕のつながりをスムーズにして、肩まわりもリラックスさせます。

両手首にヒモを掛けて、手首をまわします。ヒモを滑車のようにして動かすと、自分で動かしているのに、手首が動かされてる感覚が心地よく、左右差の解消にもなります。

平行方向で試したら、クロス（交差）で行ってみましょう。スピードもゆっくりや早くなど、変化をつけるといいでしょう。肩が疲れやすい人は手を下にして行ってもＯＫです。

※背中がゆるみ、肩甲骨が動くの感じながら行ってください。

スピードを変えたり、手の方向を変えたり、色々工夫してみてください。

ヒモをクロスに掛けると、滑車の原理が変わります。

後ろからの腕上げ

一番最初に紹介した肩コリに効く〝ヒモトレ〟の逆バージョンです。

ヒモを前ではなく、後ろで両手に掛け、「ヒモはピンでカラダはリラックス」をチェックします。できたら、前屈するようにカラダを倒し、合わせて腕を引き上げます。ヒザは軽く曲げるようにしてください。大きく動くのもいいのですが、動きは小さくても、行うことで感じる心地よさを大切にしてください。

ヒモを外すと、無意識に自分でカラダをロックして窮屈にしていたことに気がつくでしょう。

勢いではなく、心地よさを感じながら行ってみましょう。肩甲骨の動きをよくしたい方にもオススメです。

ヒモトレバック

肩や背中をスッキリしたい方にオススメなのがこのヒモトレバックです。

鎖骨や肩甲骨に繋がる腕や肩に余分な緊張や脱力があると、その繋がりが切れて動かなくなります。そこでヒモトレ！

ヒモのテンションをガイドに、ゆっくり流れを大切にして動くだけ。余分な力が抜け、肩甲骨（背中）に動きが出てくるので、結果的に肩のコリも軽減にも期待！　腕を下げると左右の肩甲骨が真ん中に寄ってくるので、分かりづらい人は、誰かに見てもらうとよいでしょう。

※ヒモの幅は肘幅と少し大きめです。肩が苦しい方は、無理のないように大きめにしてはじめてください。

肩周りが窮屈な人は輪っかを大きくして調整してから行いましょう。親指に引っ掛けて、ヒモのテンションをガイドにゆっくり行います。

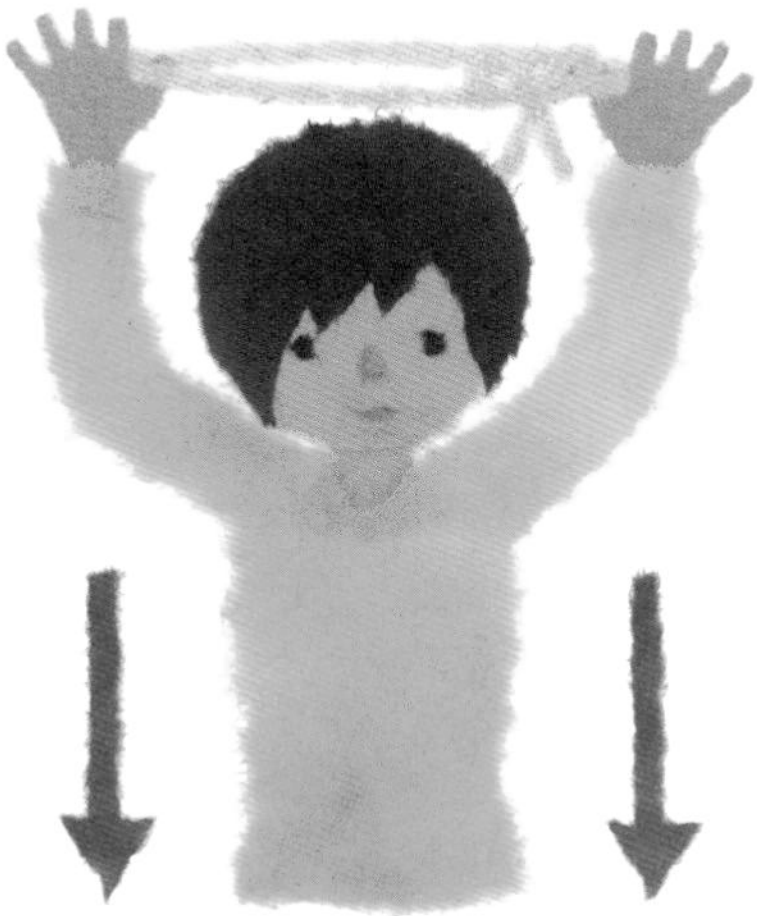

ヒモのテンションを強めず緩めずに行うと、段々と肩が軽くなり、肩甲骨や鎖骨の動き出します。回数や時間は決めずに気持ちよくできる範囲内で“ゆ～っくり”やってみてください。

特別支援学校でも使われる“ヒモトレ”

2014年に上梓した『ヒモトレ』を出版以来、様々な方から「うちではこんな風に使っています！」という声を掛けられるようになりました。

そのなかでも一番積極的に活用して頂いているのは、香川県の特別支援学校で教員を務められている藤田五郎先生です。

藤田先生は2014年から自分の担当する自立活動の授業でヒモトレを採用、着実に成果をあげて、現在では私が行うバランス講習会や特別支援学校の研修会・PTAなどでヒモトレの効能や使い方を説明するほどになっています。

その熱心さは私自身いつも刺激を頂いているほどで、ヒモの使い方についても積極的に新しい方法を試して、子ども達の自立支援に役立てて頂いています。

前回の改訂版で新たに5つの使い方をご紹介していますが、胸ヒモ（66ページ）も、そんな現場で使われているひとつです。

藤田先生が脳性麻痺で人工呼吸器を付けた子の胸に、かる〜く巻く（ほぼ置く程度）と、普段200ml前後の肺活量が300mlという数値を示し、同行していたお母さんが「久々にこんな数値見ました！」と驚かれていたそうです。

それは見た目でも肺の動きが全然違って見えるほどです。

その他にも藤田先生は嚥下障害で自分の唾を上手く飲み込むことができない生徒の頭にヒモを巻いたところ※、自力での嚥下を促すことを発見。こちらは歯科医師さんの専門誌にも紹介され、ヒモトレの世界を広げてくれています。

※藤田先生は児童生徒にヒモトレを試す際は、必ず保護者同伴で許可を得て行っています。
その他、藤田先生の活動についてこちらをご覧ください。
ヒモトレ Web site ● http://shimoa.wix.com/himotore#

2章

日常生活で効く“ヒモトレ”

この章では日常にある様々な場面から、
リハビリにも使える
〝ヒモトレ〟を紹介していきます。
基本的には、1章で説明した通り
ヒモを〝いい塩梅〟で使うだけですので、
気軽に試してみてください。

〝ヒモトレ〟で張りのある生活をしよう！

朝起きてから寝るまで、私たちは数えきれないほどの色々な動作を無意識のうちに行っています。

例えば、ご飯を食べたり、歩いたり、座ったりといった動作を、いちいち「どうしようか？」と考えながら行うことはありませんね。

これはとても便利なことです。でもその一方で、こうした慣れや癖にカラダを任せているうちに、動きにバリエーションが少なくなり、生活が単調になって、普段の生活全体が義務的になってしまいがちです。これは普通の人だけではなく、華々しく見えるプロのスポーツ選手でも、長く現役を続けるうちに、段々とプレーすることが義務的になってしまい、モチベーションを失う方もいます。

そんな時、私は選手に**「二つの真剣」**というお話をします。

私が考える真剣には**〝真面目の延長〟**の真剣と**〝遊び感覚や好奇心の延長〟**

の真剣があります。

〝真面目の延長〟の真剣は、どうしても結果が一番で、その過程を楽しむことができないため、段々と義務的になってしまいます。

〝遊びや好奇心の延長〟の真剣の場合は、「なぜそうなるのか？」という過程が楽しみで、そこに新しい工夫や動き、アイデアが生まれて、プレーすること自体が楽しみになるのです。

この章で紹介する、〝日常生活で効くヒモトレ〟は、どれも生活のなかで試せて、すぐに効果が分かるものばかりです。

そして、その違いが分かるということは、ヒモに導かれて、自然とカラダがこれまで慣れや癖に隠されていた、**皆さん本来の動きに気がついたからなんです。**

是非、ヒモトレをきっかけに起きた新しい反応に、好奇心を持って楽しんでみてください。それだけで**今日は昨日とは違う日になるはずです。**

ヒモで肘ラク

朝会社に入ったら最後、ずっとパソコンの前でお仕事という方も少なくないでしょう。そこでオススメなのはこの「ヒモで肘ラク」です。することは簡単、作業を行うのに自然な手の幅がキープできる長さにヒモを調節して、両腕にヒモを渡して掛けるだけです。

この時、場所は肘の前（A）でも後ろ（B）のどちらでも、掛けてみてラクに感じる方でOKです。作業する時に自然にヒモにテンションが掛かるようにすると、腕の重さが掛かっていた肘が軽くなり、肩が自然に落ちてきます。

集中して仕事をしていると、いつの間にか肩に力が入ってしまいます。ところがヒモを着けると、ヒモが力を吸収してラクになります。また着けるとキーを打つのが速くなるという方も多いのでヒモたすき（64ページ）と合わせて試してみてください！

ヒモで椅子ラク

「肘ラク」と一緒に人気なのがこの「ヒモで椅子ラク」です。やり方は簡単、イスに座った状態で両脚にヒモを巻くだけ。位置はヒザのお皿の上か下かで、腰の幅くらいにします。女性は脚を閉じた状態でヒモを巻いてもＯＫです。

後は自然にヒモにテンションが掛かるようにカラダをラクにするだけ。ヒモを着けた瞬間から下半身と上半身のつながりを感じることができます。特に腰が疲れやすい人は、驚くほどラクになるはずです。また姿勢も整い、椅子から立ち上がる動作もとてもラクになります。

長時間座っているとヒモが太ももに食い込んで痛くなることがあります。その時は、着物で使う、腰ヒモやストールなどの、幅広で柔らかいものを代用してください。

ヒモを着けていると立ち上がるのもラクラクです。ヒモで脚を引っ掛けないように注意しましょう。

脚ヒモ歩き

一般の方はもちろん、ヒザ痛などで歩くのが辛い方にも人気なのが、この「脚ヒモ歩き」です。

やり方は簡単、「脚ヒモ」を着けてあとは歩くだけです。（脚ヒモの着け方は36～37ページをご覧ください）

一歩踏み出す度に、後ろから誰かに押してもらっているような不思議な感じがあります。

これはヒモによって、もともとある左右の連動や連携が感じられ、ぶれずに真っ直ぐ歩けるからです。転倒防止のリハビリなどにもオススメですし、もちろんランニングにも使えます。

歩行のリハビリはもちろん、スポーツ選手は準備体操、整理体操、ジョグなどでカラダのまとまりを掴むのにも最適です！

脚ヒモ、上り下り

「脚ヒモ」を着けたまま階段を上り下りしてもOKです。上る時は軽々と脚が上がり、反対に下る時には頭の揺れが少なくなり、カラダが安定します。実際に研究機関で測定したところ、着地の時のヒザへの衝撃が半分になったケースもあるほどです。（詳しくは74ページのコラム参照）

長時間着けていると、ヒモが痛くなることがあるので、幅広の「脚ヒモ」を使ってもOKです。

また万が一ヒモが下がってくると危険ですので、長時間のお出かけなどに使う時には、服の下に着けることをオススメします。

上り坂や下り坂でのヒザへの負担軽減にも役立ちます。また、階段を上がっているのに、平地を歩いているような感覚があります。

ヒモラク寝

忙しい毎日だからこそ時々ある5分、10分の休憩は大事ですね。

そこでオススメなのが、この「ヒモラク寝」です。その名の通り、ヒモで両足首を軽く閉じるくらいにして結ぶだけ。あとは椅子に座り背もたれを使ってのんびりしましょう。新幹線や飛行機などで長時間の移動の時にもいいですね。

足首にヒモを掛けることで、寝ていても上半身と下半身のつながりを感じさせてくれます。

ユルみ過ぎではカラダのまとまりを失いますので、大切な休憩はシャッキリリラックスで！

オフィスはもちろん、新幹線や飛行機など移動時間中に最適です！実際に指導している選手のなかにも、移動の際に使っている方がいます。

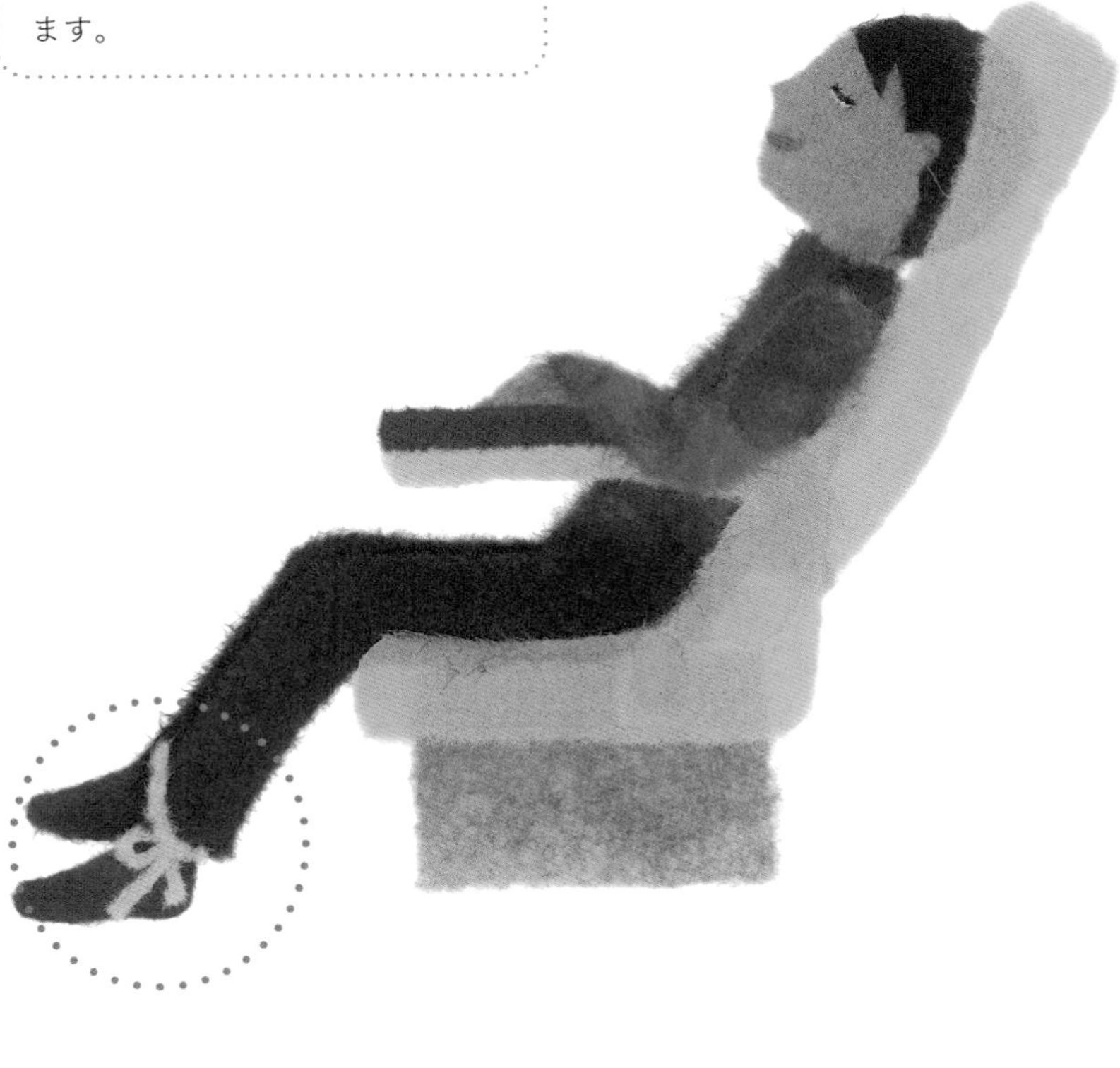

正座やあぐらにも効果あり！

ヒモラク座り

習い事などで正座やあぐらをする方にオススメなのが、この「ヒモラク座り」です。

ヒモを輪っかにして、両脚のヒザがしらに掛けて座るだけでとても簡単です。ヒザにヒモを掛けると、自然に重心の偏りがなくなり、カラダが浮くような感じがします。お茶の間はもちろん、瞑想などで心を落ち着かせたい時にもオススメです。

ヒモが食い込んで痛い人は、腰ヒモなどで代用してもＯＫです。立ち上がる際はヒモに脚を引っ掛けないように注意してください。

脚だけではなくカラダ全体が座ることに参加するので、正座が苦手な方もラクに長時間座ることができます。ヒモにカラダを任せてリラックス。

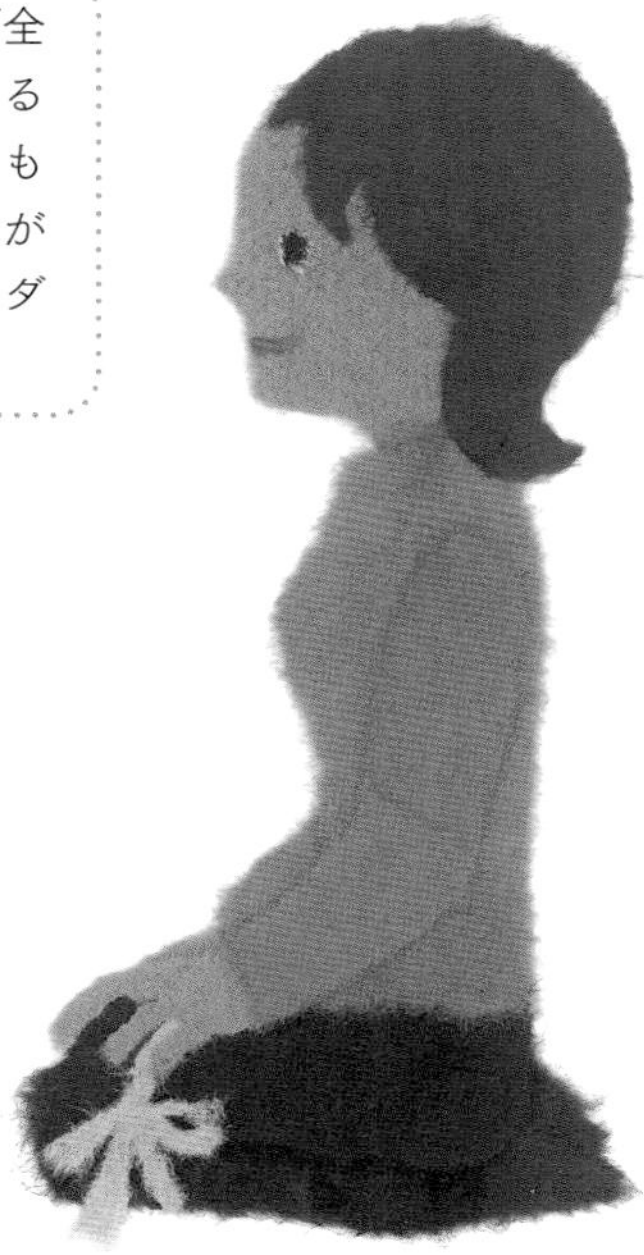

あぐらの時は、ヒザに引っ掛けるようにするといいでしょう。

へそヒモ

お腹に添わせるようにヒモを巻くだけ。ただし、ギュッと締めると逆効果なので、〝ゆる〜く〟着けるのがポイント。軽く巻くだけで、立ったり座ったりの日常動作が大きく変化します。長時間同じ姿勢をとる方は、是非お試しください。

私達は普段四肢（手足）を使い過ぎる傾向があるため、体幹が上手く機能していないことが多くあります。ヒモを巻くことで、四肢と体幹が本来の協調性を取り戻すお手伝いをします。

日常動作に不具合を感じる方や腰痛持ちの方、赤ちゃんを抱っこするお母さんにもお勧めです。

お母さんが楽に抱っこできると、赤ちゃんも自然にスヤスヤ。おばあちゃん、おじいちゃんもお孫さんを楽に抱っこできます。

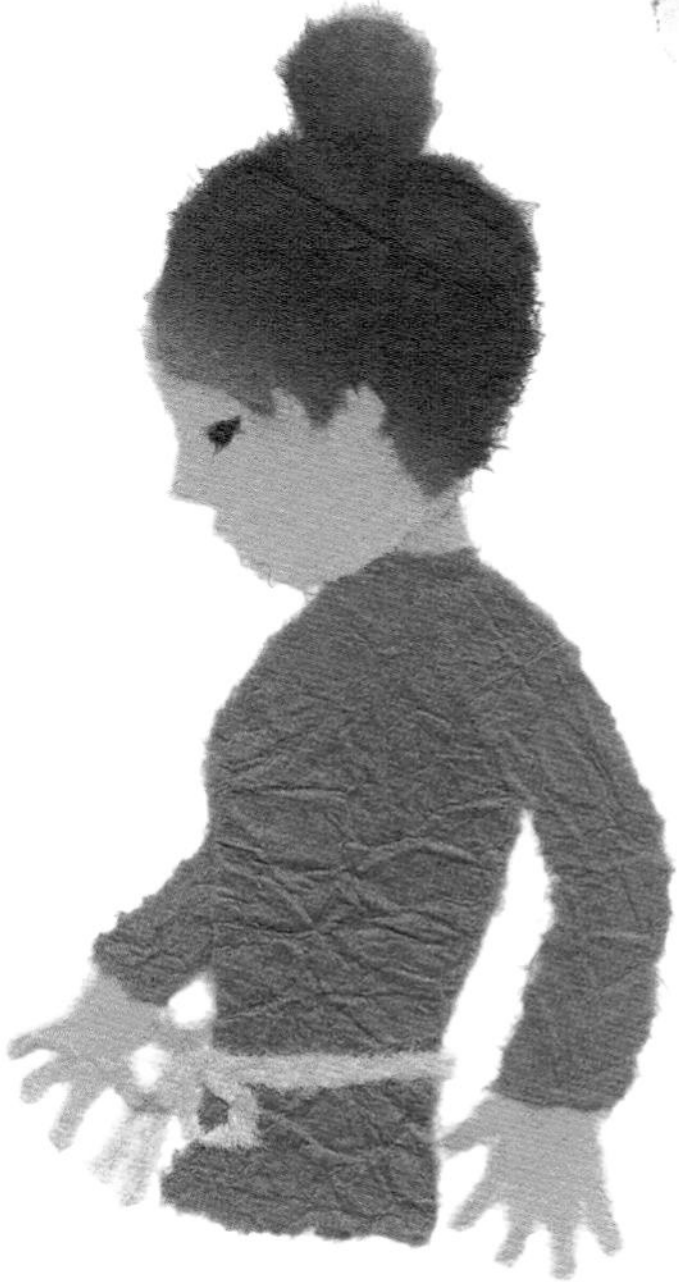

へそ付近に巻けばOK！厳密でなくても大丈夫。こぶし二つ入るくらいゆる～くしておくのが大切。締め過ぎると逆効果です。

ヒモたすき

ヒモを輪っか状にして8の字にクロスさせ、服を着るようにまとうだけ。これもギュッと締めずに〝ゆる～く〟着けるのがポイント。脇下が10センチ以上余裕があるのが目安です。

たすきをすることによって、カラダの前側（胸側）と後側（背中側）のバランスが整い、自然に姿勢調節が行われます。

肩の力も抜けやすくなるため、肩コリやコリからくる頭痛も和らぐかもしれません。たすきをする前と後で、肩回しや腕立て伏せをして違いを感じてみると、肩周りの環境が一瞬で変わるのが実感できます。

先にヒモを結んで、8の字にクロスさせてから着けましょう。

たすきはゆる〜く着ける
のがポイント。「こんな
に緩くていいの？」とい
うくらいを基準にして
ください。着けるのは5
分〜1日中でもOKです。

たすきをして肩回しをす
ると、肩周りの変化を感
じることができます。猫
背が気になる方もお試し
あれ。脇下が10㎝以上
余裕があるくらいユルく
巻きましょう。

ヒモで歌が上手くなる!? 緊張緩和にも効果あり。

胸ヒモ

「歌が上手くなる!」とは断言できませんが、呼吸が深く入ることで発声が変わってきます。

方法は胸にクルッと一周、ヒモを巻くだけ。講座で試して頂いた声楽家や管楽器を扱う方は、実際に音量の変化を感じてくれています。

また、人工呼吸器を付けている子どもの胸に、本当にかる〜くヒモを巻いたところ、肺活量が200mlから300mlになり、数値や酸素濃度の違いも確認されました※。(参考46ページ)

呼吸が楽になると緊張が和らぎますので、スポーツ選手のメンタル調整にもグッドです。

※保護者の同伴のもとで許可を得て行っています。

これもゆる〜く着けるのがポイント。つい胸の前側だけで呼吸する癖がある私達ですが、ヒモを巻くことで脇側、背中側との関係が生まれます。

ヒモの位置はあばら（胸骨）の範囲で心地よいところを選んでみてください。楽に呼吸できることを基準に自分にとってよいとこを探しましょう。

脚ヒモ・寝返りコロリ

良質な睡眠に必要なのは寝具の良し悪しだけではありません。自分の寝る姿勢をほんの少し整えるだけで、随分違いを感じられるでしょう。

自然な寝返りは〝カラダの修復作業〟と言われています。「朝起きるとカラダが痛い」、「夜中何度も目を覚まして体勢を変える」など、深い睡眠が得られない原因に、自然に寝返りがうてない、寝る姿勢の悪さが大きく影響しています。

もちろんこれもバランスの崩れが原因。そこでヒモの登場です。寝る時に脚にヒモを巻くだけで、寝返りがしやすいカラダ環境を作ります。

※お腹にゆる〜く、へそ巻きでも構いません。腰痛の方にもおすすめです。

脚ヒモを着けて、寝返りや肩回しをすると、バランスの変化を知ることができます。

短い時間であれば、ヒモラク寝(58 ページ)のように、足首に巻いても OK。自然に全身が伸びる感じで気持ちがよいので、リラックスタイムにもオススメです。

〝ヒモトレ〟からの卒業？

「卒業」なんて書くとなんだか大げさですが、要するに、

ヒモがなくても、着けているように過ごせるようになる

ことです。お家やある程度のパーソナルスペースがあるオフィスならいつもヒモを着けていられますが、それ以外となると、なかなか着け辛いこともあるでしょう。またスポーツの試合本番でヒモを着けたままとはいきません。

そうしたことを含めて、ヒモがない時にどう過ごすかが大事になります。

解決策はごく簡単、

ヒモトレをしていた時の感覚を大切にする

だけです。ヒモトレによって動きやすさを知ることができたら、それは新たな動きの手掛かりができたことになります。今度はヒモではなく「動きやすさを基準に」姿勢や動作を見ていくとよいでしょう。

もちろん最初からなかなか上手くはいきませんが、

「もし今ヒモを着けていたら……」

とイメージして、少しでもカラダが反応したらＯＫです。

しばらくすれば、生活習慣や環境によって偏ることはありますが、その時はまたヒモを着けている状態を思い出せばいいだけです。

これを繰り返しているうちに、段々自分のカラダのなかにヒモを着けている時の〝いい塩梅〟が身についてきて、**ヒモからの卒業**が来るわけです。

ただし、卒業というよりヒモトレは日々の身支度であり、自分のカラダの声を聞くためのツールでしかありません。ヒモトレによって現れてくる様々な変化は本来持っている自分の能力やバランスでしかないからです。つまり、「卒業するもしないもない」ということなのです。むしろ日常的にヒモトレを活用して頂けたら無自覚になりがちが自分のカラダに気づいてあげられることでしょう。

〝ヒモトレ〟でニュートラルな状態に戻る

また、ほとんどの人は自分が体験した〝いい感覚〟を求めて練習をするのですが、移《うつ》ろいやすい感覚を見つけるのはとても難しく、闇夜に海図もなく海をさまよう船のように迷ってしまい、よく言われる〝スランプ〟になるわけです。

また実際に〝いい感覚〟を、ずっとキープし続けることはできません。

それは、川の流れの一部を切り取って「取っておこう」とするようなものです。もし取っておけたとしても、いずれ水は淀んでしまい、本当に取っておきたかった〝いい感覚〟とは違うものになってしまいます。

大事なことは〝いい感覚〞をキープしようと、立ち止まって頑張るのではなく、様々に起きる自分の変化をニュートラルに感じ続けることなんです。

先ほどの川の例えで言えば、川の流れ（変化）を邪魔しないで、流れを見続けることが大事なのです。その変わりゆく流れのなかに、その時の新しい〝いい感覚〞があるからです。

ここまで紹介してきた〝ヒモトレ〞は、この〝いい感覚〞のベースになる、ニュートラルな状態に戻るための目印のようなものです。

ですから、暗い海で迷った船が、灯台で方向を確認するように、分からなくなったら実際にヒモをガイドにしてみてください。

そういう意味ではヒモはその形のとおり、これからの人生を一緒に過ごす〝ながーい友達〞にもなるわけです。

石井直明（Naoaki Ishii）

元大学院医学研究科ライフケアセンター・センター長。東海大学名誉教授。医学博士。40年に渡り老化のメカニズムの研究を行い、1998年に世界で初めて老化と活性酸素の関係を分子遺伝学的に証明し、科学雑誌「nature」に掲載。現在は長寿・健康に関する基礎・応用研究を行い注目を集めている。アンチエイジング研究の第一人者。著作多数。

〝ヒモトレ〟は逆転の発想

小関さんの〝ヒモトレ〟の面白さは、一般的に考えられている〝カラダはできるだけ自由にすれば動きはよくなる〟ということを、〝ヒモでカラダを拘束すると、カラダが統一され動きがよくなる〟と逆転させてしまった点です。これは今までになかった発想です。

実際に私も体験してみて「たった一本のヒモでこんなに変わるの！」と驚きました。ただ、世のなかには沢山の運動理論や健康法がありますから、そういったなかで埋もれてしまわないためにも「きちんとした科学的なデータを出した方が絶対いいでしょう」と。そこで「うち（東海大学）の客員研究員になってもらって、小関さんが出す色々なアイデアを私たちが実証しましょう」ということになったんです。

データで実証されたヒモの効果

※本記事は初版出版時（2014年）に取材されたものです。

もっとも最初は誰も信用しなかったのですが、計測関係の企業や国士舘大学の体育学部の先生方が「面白い！」とノってきて、加速度センサーなどをカラダに着けて試してみたら「凄い効果があるぞ！」となりました。その時は腰にヒモを巻くものでしたが、頭の揺れが半分になり、階段を下りる時の衝撃も半分になった人も出たのには驚きました。そこで本格的に、「よし、これを実証しよう！」ということになったんです。

ただちゃんと実証するには、しっかりした検証とデータ数が必要になります。そこでボランティアを募って計測したところ、統計学的にも「確かにヒモを着けると有意な差がある」と認められることが分かりました。

地味で時間の掛かることですが、なかなか新しいことが通り辛い世界ですからね。まして小関さんのように後ろ盾のない人は大変です。遺伝学の祖・メンデルも生きている間は「修道士がなにを」と全然評価されませんでした。ところが死後になってその法則の正しさが証明されたわけです。一見門外漢に見える人が大きな発見をすることは往々にしてあることなんです。だから小関さんには「きちんとした結果を論文として出しましょう。今は非常識と思われても常識になる時がくるよ」と、言っています。

●小関さんの活躍が楽しみ

そんな風に考えるのは私自身、もともとは医学じゃなくて原子力工学出身の人間だからでしょう。原子力には興味があったんだけど、数学が嫌いなことに気づいた（笑）。それで原子炉設計のような難しい計算がいらない放射線生物学という学問があることを知って、医学の世界に入りました。

アメリカ留学時代の研究はある遺伝子を分離するもので、激しい国際競争になりましたが、その分離に成功して学会で発表しました。

その発表の席で、ライバルとなったMIT※のロバート・ホルビッツ先生が、「よく二年でそこまで到達できたね。おめでとう！」と声を掛けてくれて、その時に、「ああ、これで一流の科学者になれた」と実感したんです。ちなみにホルビッツ先生は二〇〇二年にノーベル医学生理学賞を受賞されています。そうした環境のなかで〝なにが一流か〟ということが肌で感じられるようになったんです。

小関さんのやっていることにはそうした私の経験からも「いいものがある」という感覚・直感があるんです。そして私自身、さまざまな人との出会いのなかで引き上げてもらってきたので、今度は私が引き上げる番なのだと思っています。だから今一番楽しみなのは、いずれ彼が大きく羽ばたいて活躍してくれるのを見ることですね。

〝ヒモトレ〟の効果は実際に試せばすぐに分かることなので、今回こういう本が出て、気軽に多くの人が触れられるのはとても嬉しいですね。私たち研究者がその裏づけとして支えられればいいと思っています。■

※MIT＝マサチューセッツ工科大学。アメリカにある私立名門大学でノーベル賞受賞者を数多く輩出している。

3章

スポーツで効く“ヒモトレ”

スポーツをされる方にはお待ちかねの章です！
まずはヒモを着けずに動いてみて、
ヒモを着けた時との違いを感じてみてください。
大事なのは、その違いに気がついて、
〝ヒモあり〟と〝ヒモなし〟の差をなくしていくことです。

練習と本番を切り離さない

〝ヒモトレ〟を使った練習のよさは、スポーツの実際の動きのなかで試せることです。一見、当たり前なようですが、私が沢山のスポーツ選手を指導をしていて気がつくのは、練習と本番を切り離してしまっている方が多いことです。

例えば、どこかカラダの弱い部分を「強くしよう」と筋トレを行ううちに、

「筋肉はついたけどバランスが崩れて、成績に結びつかなかった」

といった話を聞きます。これは別に筋トレが悪いわけではありません。

やっている本人や周囲の人も知らない間に、

本番でベストパフォーマンスを出すための練習から

練習のための練習

に変わってしまうことがよくあるんですね。

これは〝ヒモトレ〟をする前のカラダにも似ています。カラダの一部の動き＝練習や問題点に集中し過ぎて、カラダ全体の動き＝本番での動きから離れてしまうのです。

そこでここでは、分かりやすく効果が実感できるように、それぞれのスポーツの実際の動きのなかで行える〝ヒモトレ〟を集めてみました。

まずはヒモを着けずに普段通り動いた後に、ヒモを着けて動いてみましょう。そこで起こるカラダの変化、カラダ全体のつながりや安定度の違いを感じみてください。その「ヒモを着けた時の感覚」と「ヒモを外した感覚」とをすり合わせていくことが大事なのです。

両手を縛るとスイングが変わる！　パート1

バッティング

より鋭く、より遠くへ。バッターなら誰もが持つ思いでしょう。でも、求め過ぎてなかなか上手くいかないのが現実ですよね。

バッティングで大切なことは、インパクトの強さよりむしろ全体の安定感です。

そこでヒモです。バットを持つ時にヒモにテンションが掛るようにしてください。強く打とうと力が入る腕に、ヒモで制限を掛けることで、力みや左右差を〝いい塩梅〟にしてくれます。

実際に打ってみると思ったより軽く、しかも遠くへ飛ばすことができます。是非お試しあれ！

手首に掛ける時は、ヒモをピンと張ったまま、実際の動きがスムーズにできる幅に調節してください。

ヒモを張った時に、スイングの邪魔にならないように調節してください。道具を持った後に仲間に結んでもらうといいでしょう。

ゴルフスイング

止まっているボールだからこそ力んでしまうのが人間の性。でも、より正確にボールを飛ばすには、その欲に打ち克たなくてはなりません。

そこで手首や腕にヒモをしてスイングです。力み過ぎはもちろん、真っ直ぐ飛ばしたい方やカラダがスムーズに回転しにくい方、クラブの長さを活かしたいという方にオススメです。

ヒモを着けると腕が軽くなるだけではなく、カラダの安定感も増し、クラブとの一体感を得ることができるでしょう。自分が作っている力みに気づいて解消することが一番大事です。

ヒモを掛ける位置は、手首（A）でも腕（B）でもどちらでもやりやすい方でOKです。

卓球＆テニス

卓球やテニスなど、動きながらのスイングは、腕だけではなく、脚の使い方も大きく影響してきます。

他の競技と同じく、まずは「脚ヒモ」を着ける前と、着けた時のスイングの感覚を楽みます。脚にヒモを着けると、動きやすさと安定感がアップするので、結果的にスイングはもちろん、全身の連動を切らさずにシャープに動けます。肘、腰、ヒザの負担軽減にもなりますので、怪我をしやすい方にもオススメです。もちろんヒモなしとのすり合わせを大切に！

ヒモが落ちてこないように注意して行ってください。できればウェアの下に着けるのがお勧めです。

"ヒモトレ"でラクラク、スイスイ！

ウォーキング＆ランニング

いくら脚や腕の振りを大きくしても、カラダ全体が使えていなければ、すぐに疲れてしまいます。そこでオススメなのが「脚ヒモ」です。

ヒモを着けることで、後ろから誰かが押してくれているような感覚でスイスイ走ったり、歩いたりできます。また、階段や坂の上りや下りではヒザの負担が軽減されるので、腰やヒザを痛めやすい方にもオススメです。カラダのブレや左右差が気になる方や、リハビリなどにも役に立ちます。

ヒモが落ちてこないように、できればウエアの下に着けて行ってください。

こんな場面でも使えます！

トレーニングから接触プレー、パンチまで

腹筋やスクワットなどの、部分に効きやすいトレーニングも、ヒモを使えば全身運動になります。

また、ヒモを着けることで安定感や全体性が出るので、サッカーやバスケ、ラグビーなどの接触の多い競技でも、怪我をしにくいカラダの使い方が分かるようになります。

ボクシングや空手など格闘技のパンチや突きでも、左右差がなくなり、カラダ全体で打てるようになります。

腹筋やスクワットなどは脚にヒモを装着して行ってみてください。腹筋の場合はヒザか足首、スクワットは「脚ヒモ」がオススメです。

接触プレーの時の安定性や格闘技のパンチでも効果を発揮します。

桐村里紗（Kirimura Lisa）

医師／ tenrai 株式会社 代表取締役
東京大学大学院工学研究科道徳感情数理工学の講座主宰、共同研究員。人口最少県人口最少町・鳥取県江府町からプラネタリーヘルス社会実装に挑戦している。「ホンマでっか!?TV」腸活評論家。著書『腸と森の「土」を育てる～微生物が健康にする人と環境』（光文社新書）など。

●「これは理にかなっている!」

私は東京大学の大学院で道徳感情数理工学という講座で共同研究員をしているんですが、そこの研究員の一人に紹介されたのがヒモトレに出会ったきっかけです。

実際に試してみて「あ、これは理にかなっている!」と思いました。私は医者でもあるのですが、患者さんを診ていても、みんな身体から意識が抜けているか、色々な感情とか記憶、執着を持っていて、グッと身体を固めている方が多いんです。

そこでヒモを巻くことで適度な気づきが起こり、身体の機能や繫がりが適切に戻ってきて、本来の力を発揮するというのは滅茶苦茶理にかなっていると思いました。

●身体を通して心にも作用している

実は元々私が医者になろうと思ったきっかけは、母が薬害で病気になったからなんです。

ただ母の病気はどこの大学病院で診断を受けても治療に結びつくことがなくて、色々な代替医療やボディワークを行脚して、自分自身でも実践したりしていました。そうした経験から、身体と心の繋がりというものを日常的に探求洞察していて、それもあって、ヒモトレに出会った時に「身体を通して心にも作用しているんだな」と、物凄く合点がいったんですね。

● ヒモトレの秘密は触覚？

ヒモトレの仕組みを説明するのは結構難しいです（笑）。ただ人の触覚というのはとても繊細で、本当に触れるか触れないかぐらいの微妙な力でも気がつくようになっているんです。一方であまりに小さい刺激は意識に上らず、無意識のうちに処理されているんですけど、意識の下でちゃんと気がついている。ヒモがそうした触覚に適度な刺激を与えることで、普段は意識していない身体に適切な意識が戻り、本来ある連動性が取り戻せるのではないか？　ということで納得していますす（笑）。ただ服の上からでも効果があるのはやっぱり不思議ポイントですね（笑）。

● 人と地球「プラネタリーヘルス」

私がいま注力している仕事は、「意識と体の関係を紐解いていく」ということと、「プラネタリーヘルス」というテーマです。分野としては「人と地球は一体である」という考え方で、人の内なる自然と外的な自然は一連で、いまは人が壊れているから地球も壊れてきていると考えています。人の健康課題や地球課題の背景には人の意識が影響していると考えて、それをどうやって解決するかが私の研究・実践していることなんです。その点でも小関先生の考えと非常に一致しています。

●まずヒモを巻いてみよう！

いま鳥取県の江府町《こうふ》とプラネタリーヘルスの連携協定というのを結ばせていただいていて、役場のSDGs担当の方がヒモトレの講座を主催してくれているんです。その方はもともと作業療法士だったので、その経験からもヒモトレの良さに気がついたそうです。

基本的には過疎の小さな町なので、住んでいる方の平均年齢が高いのですが、ヒモトレのリアクションはとても良いですね。膝や腰が悪くて歩くのが辛かった人が、「脚ヒモ」や「ヒモたすき」で改善したり、皆さん農作業で身体を使うことが多いので実践的に使われていますね。最近では集落の婦人会で自主的にヒモトレ講座をしたりしていて、朝、町を散歩すると、ヒモたすきをした人に会えます（笑）。

多くの人にお伝えしたいのは「まず、みんなヒモを巻いてみよう！」ということです。理屈は置いておいていいので、まず巻いてみる。そこで身体がどう変わるかを実感してほしいですね。身体が変わると意識も変わって、生き方や人生も変わりますから。■

“ヒモトレ”専用ヒモ（スピンドル）のご紹介

本の最初でご紹介したように、身近な荷造り用のPPヒモや100円ショップで手に入るヒモでも行えるのが“ヒモトレ”の魅力です。ですが、講座を続ける中で、「やっぱり長時間カラダに巻いて使うものなので、長く使える愛着を持てるヒモが欲しい」という声が寄せられるようになりました。

そうした声にお応えするため、スポーツアパレルメーカーのONYONEとバランスボードメーカーMARUMITSUとの共同開発でヒモトレ専用スピンドルを開発しました。

大切なのはヒモトレを通して観えてくるカラダです。

たかだかヒモ一本ですから、当初は“すぐに出来るだろう”と考えていましたが、ヒモトレの全般ができるだけではなく、肌触り、伸び、デザイン、耐久性、機能性などシンプルなだけに難しく、製品化には構想から3年かかりました。巻き方も留まり具合や、ただヒモが外れないのではなく、使っているうちにあえて緩むことや自分で微調整できることを、ヒモを着けながら自分のカラダと対話するために大切にしました。

実際に作ってみたところ、評判もよく、関心や興味を持ってくれる人も増え嬉しく思っています。ヒモトレを長く楽しんでもらえる切っかけにして頂ければ幸いです。

ひもトレ用スピンドル。カラーは全29色、価格3,300円～3,630円（税別メーカー希望小売価格）

商品に関するお問合せは、
MARUMITSU（https://www.m-bbb.com）
までどうぞ。

おわりに

ヒモトレで最も大切にしていることは、それぞれが感じている塩梅や加減を奪わないことです。皆さんが感じる本当の塩梅や加減、違和感も含め、私や他の誰にも知ることはできません。つまり、そこには誰にも代われない「あなた（自分）」がいると言えるのです。

へそヒモをするとき、「ヒモの位置はおへその上ですか？下ですか？それともへその真上ですか」とヒモの位置を気にする方もいます。僕は「だいたいで良いですよ」とお伝えします。上が気になれば下げればいいし、下に落ち過ぎれば上げればいい、ズレたら直せばいいし、窮屈ならば緩めればいいのです。それは誰でもない自身のカラダの声だからです。

たとえ親切心であっても、他人が「ここです」と答えを出すことは、その人の全体性、つまり自分自身と出会う機会を奪っているのかも知れません。

AIや自動化が進む中で更に便利になってくるからこそ、些細なこのひと手

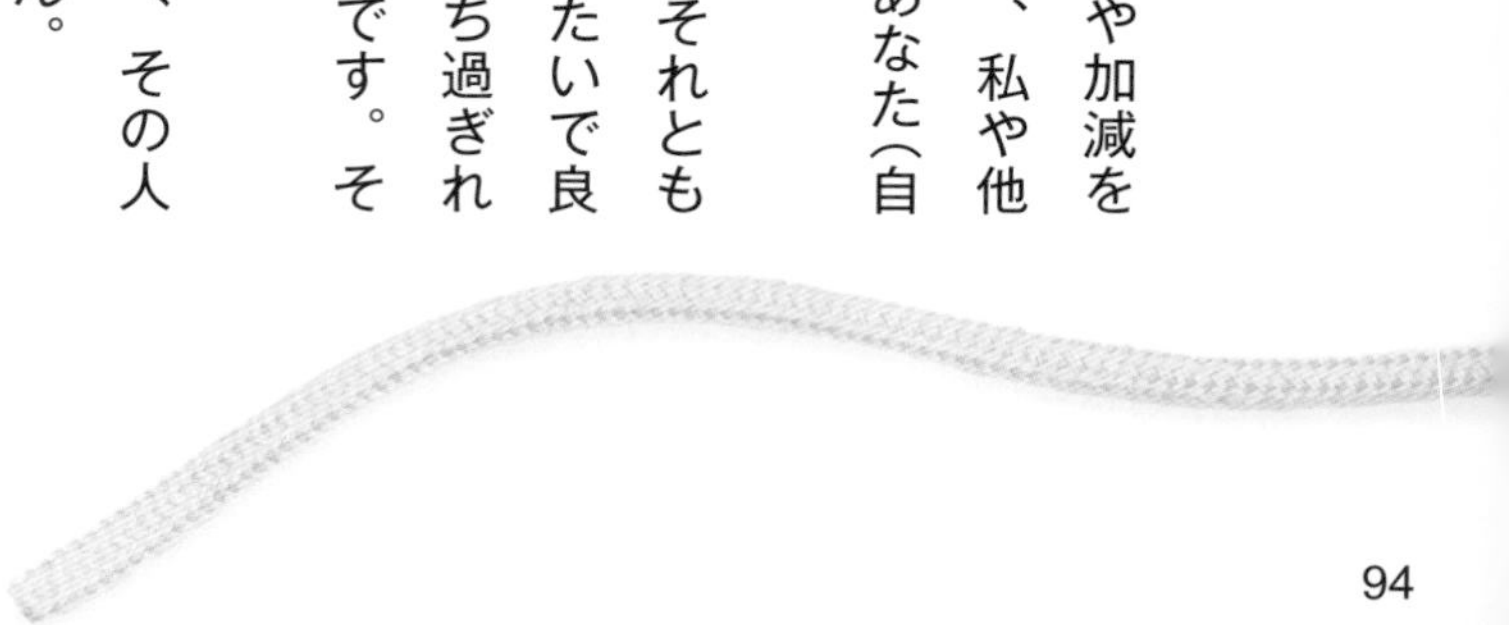

間が自分自身を失わない大切な試みではないかと思うのです。

ヒモトレを紹介して十年以上が過ぎましたが、その間、様々な症例も増え、沢山の理解者や実践してくれる方、科学的、数学的な視点からもヒモトレに興味を持ってくれている専門家も増えています。まずは編集の下村敦夫さんはじめ、関わってくださっている皆さんには心より感謝申し上げたいと思います。

特に本書でもご紹介した善通寺支援学校教諭の藤田五郎先生（子どもたち、その親御さん）には、今も沢山の可能性をみせて頂いています。そして医学的な視点として激励、アドバイスを頂いている東海大医学部名誉教授の石井直明先生や新たにインタビューをお受けくださった医師であり研究者の桐村里紗先生には、自治体での社会実装の一つとしてヒモトレの可能性を見出して頂きました。お三方には改めて心より感謝を申し上げる次第です。

二〇二四年三月吉日　バランストレーナー　小関　勲

バランストレーナー・小関 勲（こせき・いさお）

1973年、山形県生まれ。1999年から始めた“ボディバランスボード”の制作･販売をきっかけに多くのオリンピック選手、プロスポーツ選手に接する中で、全身を最小単位の一つとして、全身のバランスの重要さに気づき指導を開始。その身体全体を見つめた独自の指導は、多くのトップアスリートたちから厚い信頼を得て、日本全国で指導、講演、講習会活動を行っている。ヒモトレは、学校、施設だけではなく、現在は自治体主導で導入されQOL向上促進に活用されている。

著書『小関式 心とカラダのバランス・メソッド』（学研）『ヒモトレ革命』（甲野善紀氏と共著　日貿出版社）など。

MARUMITSU代表、小関アスリートバランス研究所（Kab Labo.）代表
BodyBalanceBoardデザイナー 平成12～15年度オリンピック強化委員（スタッフコーチ）平成22～25年度オリンピック強化委員（マネジメントスタッフ）日本体育協会認定コーチ、日本韓氏意拳学会中級教練

WEB site　● https://www.m-bbb.com

※その他「バランストレーナー小関勲」でSNS　X（旧Twitter）、Facebook、Instagram、youtubeなど

※本書は、2016年6月に弊社から刊行された『新装改訂版 ヒモトレ』の一部内容を変更、改題、価格改定し、再刊行したものです。

ひも一本《いっぽん》でカラダが楽《らく》に動《うご》き出《だ》す！

ヒモトレ リニューアル版《ばん》　●定価はカバーに表示してあります

2014年　2月20日　初版発行
2016年　6月30日　新装改訂版発行
2019年11月15日　4刷発行
2024年　3月　1日　リニューアル版発行

著　者　小関《こせき》 勲《いさお》
発行者　川内 長成
発行所　株式会社日貿出版社
東京都文京区本郷5-2-2　〒113-0033
電話　(03) 5805-3303（代表）
FAX　(03) 5805-3307
振替　00180-3-18495

印刷　株式会社ワコー
イラスト　ちぎり絵　ウメチギリ
カバーデザイン　野瀬友子

ISBN978-4-8170-7058-6
http://www.nichibou.co.jp/